LE FIGARO

Le guide du bien-élevé en vacances

100 BONNES & MAUVAISES MANIÈRES À CONNAÎTRE

PAR LAURENCE CARACALLA

Le Figaro - 14, boulevard Haussmann, 75009 Paris.
Directeur général, Directeur de la publication : Marc Feuillée. **Directeur des rédactions** :
Alexis Brézet. **Directeur délégué des rédactions** : Paul-Henri du Limbert.
Auteur : Laurence Caracalla. **Éditrice** : Sofia Bengana. **Éditeur adjoint** : Robert Mergui.
Directrice adjointe à l'édition : Anne Huet-Wuillème. **Édition** : Marie Guiard-Schmid.
Direction artistique : Studio des formes. **Responsable fabrication** : Serge Scotte.
Responsable pré-presse : Alain Penet. **Direction de la diffusion** : Philippe Grinberg.
Directeur des ventes : Laurent Nocca. **Directrice de la communication** : Natalia Abella.
Directrice adjointe de la communication : Aurélie Broux.
ISBN : 978-2-8105-0747-4. Achevé d'impression en avril 2016
sur les presses de l'imprimerie POLLINA, France - L75605.

Préface
par Laurence Caracalla

S'il est une chose qu'on chérit en vacances, c'est le laisser-aller. Comme il est doux de ne rien faire. Pendant quelques semaines, vous n'allez d'abord penser qu'à vous-même. Enfin presque. Car, à moins de débarquer sur une île déserte, vous ne serez jamais seul. Oui, l'enfer c'est les autres. Sur la plage ou à la campagne, à l'hôtel ou avec des amis, vous pourriez perdre patience malgré le ciel radieux et oublier le b.a.-ba de la courtoisie. Votre savoir-vivre sera soumis, en ces beaux jours, à rude épreuve, peut-être même plus qu'en temps normal, songez-y avant de boucler vos valises. En voiture, en train, en avion, sur la plage et à la maison, avec vos enfants ou avec vos parents, un nombre incalculable de contrariétés va tenter de vous pousser à bout. Jusqu'à vous empêcher de profiter de ces doux moments de liberté. Rassurez-vous, vous trouverez dans ce petit guide 100 trucs et astuces pour ne pas perdre votre calme et encore moins votre bienséance légendaire. Tenez-vous prêt : déjouez la tempête qui menace et profitez sereinement de ces vacances qu'on vous souhaite, bien entendu, exquises.

1

Sur la route des vacances

T'avances ou quoi ?

Il n'est pas utile de rappeler à vos enfants que votre vocabulaire ordurier est à jour. Les pauvres petits ne savaient pas jusqu'à cet instant que vous connaissiez autant de gros mots et en restent cois. Dans les embouteillages, quand vos chers anges sont embarqués avec vous dans la même galère, tâchez de rester zen. Bien sûr, le type en Porsche qui freine sans cesse devant vous est un abruti, voire beaucoup plus que cela, mais il n'est pas nécessaire de le préciser. Respirez un bon coup, pensez à la plage de sable blanc qui vous attend et regardez dans le rétroviseur. Si Gaspard et Eugénie n'ont pas remarqué, jusqu'ici, votre irritation, c'est très bien comme ça. Vous n'élèverez plus la voix, vous n'accélèrerez pas pour montrer à ce chauffard que vous n'êtes pas né de la dernière pluie, vous ne ferez aucune réflexion sur la manière de conduire de la dame qui vous précède. C'est le pire des exemples que vous puissiez donner et ce n'est sûrement pas l'image que vous voulez renvoyer à votre progéniture...

Drôles de manières

On se sent parfois dans le train comme chez soi. C'est ce qui fait le charme du chemin de fer. Mais « chez soi » ne veut pas dire « se tenir n'importe comment ou faire n'importe quoi ». Les exemples de voyageurs sans gêne ne manquent pas. Prenons la femme qui, l'air de rien, change son bébé sur la tablette du compartiment. Cette mère, éblouie par son petit chef-d'œuvre, ne semble pas troublée par les regards dubitatifs de ses voisins. Et serait même étonnée si un passager, plus courageux que les autres, lui proposait de faire cela dans les toilettes où une table à langer est installée spécialement pour elle. Sans parler du jeune homme qui allonge ses grandes pattes chaussées sur le siège devant lui. Lui non plus ne se demande pas s'il est correct de se tenir ainsi et l'idée même que d'autres s'assiéront là où il pose ses pieds ne l'effleure même pas. On ne saurait trop vous conseiller de vous éloigner de tous ceux qui écoutent leur musique, regardent des films, jouent à des jeux vidéo, en mettant le volume au maximum, sans se rendre compte qu'ils perturbent la tranquillité des autres. Oui, dans le train, on est un peu comme chez soi. Sauf qu'on n'est pas tout seul. Pensez-y en changeant les couches de votre bébé, en vous allongeant de tout votre long sur la banquette et en visionnant *Pirates des Caraïbes*.

"Nous nous proposerons cet après-midi d'explorer l'œuvre de ROLAND BARTHES. Sémiologue, essayiste, il a élaboré une pensée critique singulière, en constant dialogue avec la pluralité des discours théoriques et des mouvements intellectuels de son époque, tout en dénon-çant le pouvoir de tout langage institué. C'est au texte littéraire, lieu par excellence des significations plurielles, que Barthes consacrera la plus

Pirouette cacahuète

Votre auto est équipée d'une stéréo dernier cri. Tant mieux pour vous. Cette émission de France Culture vous passionne : elle dure quatre heures, le temps parfait pour relier Paris à Saint-Malo. Les petits chérubins, assis, souvenez-vous, juste derrière vous, seront sûrement ravis d'entendre ce linguiste, grand spécialiste de l'albanais, mais qui sait, préféreraient écouter quelques comptines. Alors pourquoi ne pas leur faire plaisir ? Un peu de France Culture, puis, un peu de *Meunier tu dors* repris de concert ? On alterne pour le bien être de tous. Le voyage n'en sera que plus rapide.

Les envahisseurs

Toute la smala débarque dans le train. Une famille nombreuse, c'est beaucoup de valises. Mais ce n'est pas une raison d'utiliser tous les porte-bagages de la rame. Tâchez de prendre le moins de place possible. Dans certains trains, des emplacements sont proposés à l'entrée des voitures pour les plus grosses valises. Utilisez-les. Même chose dans l'avion, débrouillez-vous pour que votre sac, même s'il est imposant, n'empêche pas les autres passagers de caser le leur dans les coffres. Vous pouvez toujours en glisser un sous le fauteuil devant vous. Les hôtesses de l'air n'ont pas toujours le temps de s'occuper de vos petites affaires mais, évidemment, vous aiderez toute personne qui a du mal à accéder à ces coffres ou aux porte-bagages des trains. Mieux, demandez à vos enfants, s'ils sont en âge de le faire, de donner un coup de main à la vieille dame en difficulté.

Casse-croûte

Curieusement, on a souvent un petit creux lors des voyages en train. Heureusement, une voiture-bar est le plus souvent disponible non loin de votre place. D'autres, trouvant le sandwich SNCF trop cher ou trop mou, préfèrent apporter leur casse-croûte. Oubliant sans doute qu'un œuf dur, un sandwich au thon, une clémentine dégagent des odeurs désagréables, voire nauséabondes. Oui, les passagers de votre compartiment souffrent de ces effluves insupportables, eux qui aspiraient à passer un voyage tranquille. Avant de sortir votre camembert bien fait, pensez s'il vous plaît aux autres. Concoctez vous un petit encas au jambon, prévoyez une pomme ou quelques gâteaux secs et remisez définitivement tout aliment susceptible de provoquer des nausées aux voyageurs qui vous entourent.

Maintenant, je vais vous faire écouter une version longue enregistrée par le Philharmonique de Vienne
en 1982
Vous allez voir, c'est tout à fait différent !
until
death

Auto partagée

Le covoiturage est entré dans les mœurs. Beaucoup se sont mis à ce système qui permet de réduire le prix du voyage et de ne plus faire la route en solitaire. Sans parler des économies de CO_2...
Si vous avez opté pour cette solution en vous inscrivant sur un site Internet, vous partagerez un moment avec des inconnus.
C'est à vous de voir. Avant le départ, mettez-vous tous d'accord sur le prix, sur le chemin à prendre. Et soyez à l'heure au point de rencontre, vos futurs passagers ont peut-être un rendez-vous important et n'ont pas que ça à faire. Vous êtes le conducteur de l'auto ? Soyez aussi accueillant que si vous invitiez des amis chez vous. La voiture doit être propre et confortable. Vous devez engager la conversation, au moins un minimum, choisir ensemble la radio que vous allez écouter : n'imposez pas la station spécialisée en hard rock dont vous êtes fan. Vous n'êtes pas macho pour un sou, donc, vous ne proposerez pas aux femmes de s'installer à l'arrière, non, ce n'est plus systématique depuis 1910. Certains n'oseront peut-être pas vous demander de vous arrêter pour un besoin pressant, proposez toujours une halte. À l'arrivée, aidez vos nouveaux amis à sortir leurs valises du coffre et saluez-les chaleureusement.

T'es où ?

Les obsédés du portable en sont parfois pour leurs frais. Les téléphones ne fonctionnent pas toujours dans les trains et ce petit moment de paix fait du bien à tous. Sauf lorsque, soudain, l'accro voit apparaître en haut à gauche de son écran des petites tuiles lui assurant que, oui, là, pendant quelques minutes, il va pouvoir appeler et recevoir des coups de fil. Miracle de la technologie. Il ne se privera donc pas de joindre son ami, sa mère, son patron et aura même l'obligeance de nous faire partager sa conversation. Car il parlera fort, de sujets qui ne nous intéressent pas le moins du monde. L'indélicatesse de cet individu dépasse les bornes. Si vous avez un appel urgent à passer, levez-vous et rendez-vous dans un endroit paisible, là où vous serez sûr de ne déranger personne. Certaines voitures sont interdites aux téléphones portables. On rêve du jour où cette interdiction se généralisera dans toutes les rames !

Trop mignons

La plupart des adultes aiment les enfants. Profondément. Parfois moins dans un endroit confiné. Le train est l'exemple même de ces lieux où, lorsqu'on voit s'installer quelques têtes blondes dans son compartiment, on rêve que leurs parents se soient trompés de numéros de sièges. Mais non, ils ne se sont pas trompés. C'est parti pour cinq heures. Qui peuvent être gaies et sympathiques. Ou une torture, si, par exemple, les marmots ne tiennent pas en place, donnent des coups de pied, se mettent à hurler. Les parents doivent agir pour le bien de tous. Ou accepter les regards haineux des autres passagers qui pourraient bien vous faire une réflexion peu aimable sur l'éducation de votre descendance. Même si certains ont très peur que la situation ne dégénère. On a déjà vu des parents se colleter avec des voyageurs qui avaient osé demander un peu de paix. Alors, avant de partir pour ce long voyage, trouvez-leur des occupations : coloriages, lectures, jeux vidéo ou films. Si, décidément, vous ne pouvez pas les calmer, sortez avec eux, emmenez-les à la voiture-bar. Ayez toujours en tête que, dans le train, le silence est d'or.

Cher ami, je crois que c'est à votre tour de disposer de l'accoudoir
Grand merci. Vous êtes bien aimable !
bip
bip
bip

À l'amiable

C'est un problème en avion, mais aussi en train et même au cinéma ! Le fameux accoudoir. À qui appartient-il ? Qui a la permission de s'en servir : le passager de gauche ou celui de droite ? Les deux mon capitaine, mais il est si étroit qu'il n'est pas facile à partager. Quoi qu'il arrive, vous ne le monopoliserez pas et n'empêcherez pas votre voisin de l'utiliser comme on le voit faire de temps en temps. Ce partage d'accoudoir doit être une chose entendue et non formulée : une espèce de répartition à l'amiable, un instant pour l'un, un instant pour l'autre. Vous l'abandonnerez entièrement à une personne âgée, cela va de soi. Ne soyez pas sournois en profitant d'un moment d'inattention de votre voisin pour vous y avachir, ce ne serait pas correct. Le passager qui est du côté du hublot a la possibilité de se laisser aller contre le bord de la cabine... et peut alors céder l'accoudoir. Il fera preuve, par là même, d'une extrême générosité !

Dans les airs

Les avions semblent de plus en plus petits. Ou les voyageurs de plus en plus nombreux. Toujours est-il que, même quand on n'est pas géant, la place pour nicher ses jambes est minuscule. Veillez toujours à ne pas donner des coups dans le dossier du fauteuil qui vous fait face et, si vous n'avez pas pu faire autrement, excusez-vous. Les enfants balancent leurs jambes, ils s'embêtent un peu pendant les longs trajets, et eux aussi donnent des coups : les parents doivent impérativement leur demander de faire attention. L'adulte piquerait bien un petit roupillon : la plupart des fauteuils peuvent s'incliner. Mais avant de vous retrouver pratiquement en mode horizontal, vérifiez que les passagers derrière vous ont un peu d'espace ! Si vous avez décidé de ranger votre sac sous votre fauteuil, vérifiez qu'il ne dérange personne. Vous voilà bien installé ? Le décollage est imminent.

En bande

« Le pluriel ne vaut rien à l'homme et sitôt qu'on est plus de quatre on est une bande de c… », chantait Brassens. Quand on est assis dans un avion à côté d'un groupe de jeunes, ou de moins jeunes, on ne peut s'empêcher de penser à ce refrain plein de justesse ! Alors, si vous voyagez à plusieurs, ne jouez pas au plus malin. On ne fait aucune réflexion, même flatteuse, à l'hôtesse de l'air qui, on vous le rappelle, est en train de travailler, pas de passer un bon moment, on ne crie pas pendant le vol « un looping, un looping ! », en se croyant irrésistible (ça ne fait rire que vous), on ne boit pas plus que de raison parce que c'est gratuit, et on évite d'applaudir à l'atterrissage, même si c'est une manière de féliciter le professionnalisme du pilote. Alors, même si vous êtes excité à l'idée d'arriver en vacances, même si vous avez peur en avion et que c'est votre moyen de décompresser, sachez raison garder !

2

Coquillages et crustacés

À grande eau

La fraîcheur de la mer, l'excitation devant les vagues, le plaisir d'être là tout simplement. Les raisons qui nous font hurler dans l'eau sont multiples et, malgré notre discrétion légendaire, on n'y peut rien. Il nous faut s'époumoner. C'est le moment de prouver à tous qu'on est un être à part. C'est-à-dire qu'on reste calme en entrant dans la mer. Qu'on a passé l'âge d'éclabousser ses petits camarades. Non, ce n'est pas drôle. Montrez l'exemple aux plus petits en restant stoïque, en faisant attention de ne pas percuter les nageurs quand vous crawlez et en ne les arrosant pas quand vous plongez. Empêchez vos enfants d'asperger à tout-va leurs camarades de jeux. Ils ont sans doute oublié qu'ils ne sont pas tous seuls et que c'est la vieille dame juste derrière eux qui est la victime non consentante de leurs petits jeux. Son brushing est ruiné. Il est à peu près sûr qu'elle leur en veut à mort. Demandez-leur de s'excuser. Même si vous savez déjà qu'ils recommenceront dès que vous aurez le dos tourné.

Discrétion de rigueur

Que la plage soit déserte ou bondée, chacun a la sensation qu'elle lui appartient. Mais ce n'est qu'une sensation. En réalité, la plage est à tout le monde, même si cette idée est quelquefois insupportable. Il faut donc être discret. L'euphorie qui vous envahit en débarquant sur ces étendues sableuses ne signifie en aucun cas que vous avez l'autorisation de hurler. Quoi qu'il arrive, prenez sur vous et expliquez à vos enfants, aussi charmants soient-ils, que la retenue est de rigueur. On peut être heureux et pondéré, ce n'est pas contradictoire. Les autres vacanciers qui s'endorment doucement au soleil vous en sauront gré. Quant aux amateurs de musique, remisez votre matériel. D'abord, les radios et autres appareils ne sont pas toujours autorisés sur la plage. Ensuite, sachez qu'il n'y a pas plus belle mélodie que celle des vagues, des mouettes et du vent. Alors, ouvrez grand vos oreilles et savourez.

Allô ? Je suis à la plage

Petit rappel à tous les amnésiques. Il n'y a pas si longtemps le téléphone portable n'existait pas. Ce qui veut dire qu'on pouvait passer des heures sans donner de nouvelles et sans en recevoir. On ne s'en portait pas plus mal. N'avez-vous jamais eu l'impression que la technologie ne collait pas avec les vacances ? Restez donc un instant en mode détente en débranchant votre téléphone et, si on vous appelle, soyez bref et profitez plutôt du paysage. N'oubliez pas qu'on monte toujours d'un ton quand on parle sur un portable et que si les autres ont parfaitement entendu qu'entre Jérémie et Élodie ça n'allait plus, ils s'en moquent comme de l'an 40. Allez donc plutôt aider votre chérubin à construire un château de sable : c'est bien plus important.

Oups!

Un petit volley ?

Les plages de l'Atlantique ont ceci de particulier : la marée. Une étendue immense peut devenir en quelques heures un minuscule banc de sable. Lorsque l'envie vous vient de jouer au volley ou au badminton, la logique voudrait que vous attendiez la marée basse. Vous pouvez ainsi prendre vos aises, lancer le ballon ou le volant n'importe où. Quelle importance puisque vous ne dérangerez personne ? Pourtant, certains joueurs semblent attendre que la mer soit haute pour commencer une partie. Bien confortablement allongé sur votre paréo, alors que vous vous laissez tranquillement aller à un petit somme, vous recevez en plein estomac un ballon de dix tonnes. C'est sans doute l'un des rares moments où on peut accepter votre élan de colère. Surtout si le jeune homme qui vient chercher sa baballe semble à peine contrit. CQFD : si la plage est pour vous synonyme de gymnase en plein air, vérifiez d'abord que vous ne gênez personne, ne commentez pas en hurlant les bonnes passes de votre équipe et excusez-vous platement quand par mégarde le ballon atterrit sur la tête des vacanciers. C'est la moindre des choses.

Enfin seuls !

Ça doit être l'instinct grégaire. Sur une plage de trois kilomètres de long, les vacanciers se tassent tous au même endroit. Histoire d'être moins isolés, d'éviter un sentiment de vide, d'écouter les passionnantes conversations de Gérard et Nicole au sujet de la saison des huîtres ? Imaginez un peu ce que ressentent ces estivants tranquilles comme Baptiste qui, soudain, voient surgir de nulle part une famille au grand complet. Les intrus s'installent tout près brisant définitivement leur rêve de sérénité. Le côté « troupeau » des vacanciers semble être un réflexe, un automatisme qu'on ne peut contrer. Aussi, avant de choisir l'endroit précis où vous passerez une belle après-midi d'été, songez que d'autres ont besoin de calme. Allez voir ailleurs, loin, tout là-bas. Parions que vous aussi saurez apprécier cette drôle de sensation de se sentir seul au monde.

Le château de sable

Ils mettent parfois des heures à le construire. Il faut voir leur tête quand ils ont fini la deuxième tour du château de leur rêve. Et voilà qu'une brute épaisse sort de l'eau et écrase, en moins de temps qu'il ne faut pour le dire, l'œuvre d'art. Pas un mot d'excuse, pas un geste de regret. Le grossier inconnu est déjà loin, trop loin pour entendre le désespoir de l'enfant. Cette scène, tout à fait insoutenable, est pourtant habituelle. Alors, quand on marche sur le sable, on doit faire attention où on met les pieds. Quitte à sauter par-dessus le chef-d'œuvre ou même faire un long détour pour accéder à sa serviette de bain. Pensez que l'architecte en herbe s'est donné un mal de chien et que, pendant ce temps-là, il vous a laissé une paix royale. Ça mérite bien un petit effort de votre part, non ?

...blablabla...
...blablablabla bla...

L'enfer, c'est les ombres

Cela fait 335 jours qu'on attend ça. On le sait parce qu'on a compté. Rester étendu sur sa serviette et sentir le soleil sur la peau : le rêve. Sauf quand un individu, absorbé par sa conversation, se tient droit devant vous. Il ne réalise pas que non seulement il vous gâche la vue mais surtout qu'il vous fait de l'ombre. Avant de vous lever sur une plage, vérifiez que vous n'empêchez pas les autres de bronzer en paix. Cela peut être très énervant surtout qu'on n'ose pas toujours demander au gêneur de se déplacer de quelques centimètres !

Tempête de sable

Sur la plage, le sable c'est confortable. Sur la serviette, le sable c'est énervant. Ça gratte, ça chatouille, ça démange, ça râpe. Alors, on se lève et on secoue, agacé, son drap de bain… pour mieux recommencer deux minutes plus tard. On ne vous apprendra pas que sur la plage, le vent souffle plus fort qu'ailleurs et que ces grains de sable qui ne sont désormais plus sur votre serviette ont sans doute virevolté directement dans les yeux de votre voisine, voire dans sa bouche. Alors avant d'agiter, tel un matador, votre paréo, ayez la délicatesse de vérifier que personne ne se prendra en pleine figure ces quelques grains qui vous incommodaient. C'est très désagréable et personne ne prendra votre défense quand vous recevrez, vous, une volée de bois vert…

Brune ou blonde

Les fumeurs n'envahissent plus les plages, mais il reste quelques incorruptibles. Si chacun fait ce qu'il veut, quelques règles sont à respecter. Pour les plages non-fumeurs, et il en existe de plus en plus, on vous laisse imaginer ce qu'il vous reste à faire... Pour les autres, prenez quand même quelques précautions pour ne pas gêner le voisinage. Comme, par exemple, ne pas enfumer la dame allongée à vos côtés. Levez-vous, faites un tour et n'imaginez même pas écraser votre mégot sur le sable ou, pire, le jeter dans la mer. Des petits cendriers portables sont à présent en vente partout dans les bureaux de tabac. Des poubelles sont en général installées sur toutes les plages. Alors, même si cela demande un effort, jetez-y vos mégots systématiquement.

Tout tout petit petit Bikini

Messieurs, votre savoir-vivre est mis à rude épreuve en ces périodes de vacances au bord de la mer. Toute une armada de jolies filles, très légèrement vêtues, débarque sous vos yeux ébahis. Mais ces yeux justement devront aller voir ailleurs. On ne scrute pas de haut en bas la plastique de rêve de l'inconnue qui sort de l'eau et, il va s'en dire, on ne lui fait aucun compliment, même anodin. Soyez discret et ne poussez pas du coude votre camarade en gloussant (oui, les hommes gloussent aussi) pour partager avec lui cette apparition, aussi sublime soit-elle. On est un gentleman, en smoking comme en maillot de bain, ou on ne l'est pas.

C'est du propre

Malgré le paris-beurre au sable, avouons qu'on adore les pique-niques sur la plage ! Ça, c'est les vacances ! Mais en repartant, n'oubliez pas de tout jeter dans les poubelles avant de partir ou, s'il n'y en a pas, de tout remporter chez vous. Prenez un grand sac pour y fourrer bouteilles, canettes, papiers gras, restes de sandwich, etc. Vous devez à tout prix faire place nette. Demandez à vos enfants de vous seconder et expliquez-leur, pendant que vous y êtes, comme il est important de respecter la planète. Non seulement ils vous donneront un coup de main mais vous leur inculquerez, par la même occasion, leurs devoirs civiques. Une pierre deux coups.

Soins de beauté

La plage n'est pas un institut de beauté. Mais pourquoi, alors, y aperçoit-on des femmes qui s'épilent ? Un moment d'intimité qui devrait rester... intime et qu'on nous inflige. Mesdames, avez-vous oublié qu'on vous regarde et que ce n'est pas très ragoûtant ? Préférez faire cela ailleurs, peut-être dans votre salle de bains personnelle ? D'autres aiment, et on le voit à leur visage ravi, percer les points noirs dans le dos de leur mari. Et ça ne semble aucunement les gêner. Sans doute, sommes-nous un peu trop collet monté, mais ce spectacle navrant nous dégoûte, sachez-le. Sur la plage, comme dans n'importe quel endroit, on se tient. Un peu de décence !

Va chercher

La plupart des plages sont interdites aux chiens. On est désolé pour ces fidèles amis mais c'est ainsi. D'autres rivages, en revanche, ne sont pas surveillés et on peut y faire à peu près ce qu'on veut. Médor, donc, vous accompagne. Ce chien d'une politesse sans pareille n'a pas parcouru une aussi vaste étendue depuis longtemps. Il en profite, projetant au passage des quantités de sable aux vacanciers qui n'avaient rien demandé. Votre labrador se jettera forcément dans l'eau et s'ébrouera forcément aussi, aspergeant les mêmes quidams qui ne s'y attendaient pas. Les plus affectueux viendront même dire un petit bonjour en passant et tremperont de leurs pattes humides les serviettes posées ici ou là. Halte là ! Les maîtres de chiens doivent contrôler leurs animaux. Attendez peut-être la fin de la journée, lorsque les vacanciers sont partis, pour les lâcher : ils profiteront eux aussi de leur séjour en plein air. En attendant, tenez-les en laisse et n'oubliez pas le sac en plastique pour ramasser ce qu'ils pourraient abandonner, mine de rien, sur la plage !

Rhabillez-vous

Il fait une chaleur étouffante. C'est l'heure du déjeuner. Ce sera à l'ombre dans votre restaurant de plage favori. Que cela ne vous empêche pas de vous rhabiller. On ne déjeune pas torse nu, même si on aime exhiber ses muscles ou sa forte poitrine. Un corps bronzé ne change rien à l'affaire. Les autres clients du restaurant pourraient être incommodés par votre tenue légère. La chair et la nourriture ne font pas bon ménage. Et si, vraiment, l'idée de porter un simple tee-shirt vous pose un problème, pique-niquez sur la plage. Sachez, en outre, que certaines municipalités sanctionnent les vacanciers qui se promènent à moitié nus. On ne plaisante pas avec l'impudeur.

Comme un ver

Chaque année, 1,5 million de touristes s'adonnent au naturisme en France. Ce n'est plus une minorité de « babas cool », comme on l'a souvent pensé. Des plages sont réservées à toux ceux que le port du maillot de bain chagrine. Rassurez-vous : si, par mégarde, vous vous trouvez dans cette zone destinée aux adeptes du nudisme, vous ne serez pas obligé de vous déshabiller. En revanche, le vacancier qui aime se promener nu comme un ver doit faire attention où il met les pieds : certaines municipalités interdisent le naturisme sur leurs plages et on ne rigole pas avec ça. Des procès-verbaux pourraient être dressés aux contrevenants. Quoi qu'il arrive, respectez la pudeur de certains et si vous sentez que votre tenue d'Ève choque la petite famille qui s'est complètement trompée de plage et qui semble abasourdie, allez plus loin ou... rhabillez-vous pour leur expliquer ce léger malentendu !

Comme un sou neuf

Le sel et le sable qui collent sur la peau sont des inconvénients des vacances au bord de mer. Heureusement, la plupart des plages sont équipées de douches. On peut s'y rincer, mais pas y rester des heures. D'abord parce que d'autres attendent que vous ayez fini, ensuite parce qu'il n'est pas nécessaire de faire « vraiment » sa toilette. On a déjà vu un estivant apporter son gel douche et se laver tranquillement toutes les parties de son corps ! Mêlant ainsi, et sans aucun complexe, lieu privé et lieu public… Pitié !

Le temps des amours

C'est une période propice à l'amour ! On tombe ou on retombe amoureux parce qu'on est bien, qu'il fait beau et que c'est les vacances. Jusqu'ici tout va bien et c'est même plutôt joyeux. Mais la passion la plus enflammée doit parfois être pondérée, particulièrement en public. Se vautrer sur son (sa) fiancé(e) sur une serviette de bain est un peu embarrassant pour les autres. « Les amoureux sont seuls au monde » est une jolie expression, mais ce n'est qu'une expression. Entendez qu'en public, on refrène ses ardeurs...

Contre vents et marées

Pour certains, pas de plage sans parasol. D'ailleurs, ils poussent comme des champignons sur les plages de France et de Navarre. Inutile d'avoir travaillé à La Chaîne Météo pour comprendre que le vent est son meilleur ennemi. Dès que la brise se lève, un parasol doit être déplanté. Le risque de le voir s'envoler et blesser au passage deux trois vacanciers qui passaient par là est élevé. Aussi surprenant que cela puisse paraître, des quidams semblent attendre que le vent se lève pour l'installer. En pleine bourrasque, les voilà qui creusent, qui creusent, imaginant que leur parasol, pas bête, restera immobile malgré une force 10 à l'échelle de Beaufort. Mais ils tiennent le pied, un peu inquiets tout de même. Inquiets, les voisins le sont aussi. Et attendent que l'objet vole dans les airs pour dire à leur propriétaire ce qu'ils en pensent. Peut-on vraiment leur donner tort ?

3

Room service

C'était pourtant bien précisé dans la description : "Vue sur la côte bretonne"
oui, promesse tenue...
LA CÔTE BRETONNE

Le client roi

Ce charmant établissement familial a tout pour plaire. Sauf qu'il est un peu plus bruyant, un peu moins luxueux que prévu. Les clients difficiles, il en existe partout. Faites en sorte de ne pas en devenir un. Si votre chambre ne vous convient pas (près de l'ascenseur qui fait un boucan d'enfer, de la porte de l'étage qui claque toute la nuit), vous pouvez demander gentiment d'en changer : les hôteliers ne devraient pas y trouver d'inconvénients. Si l'hôtel est plein, ne faites pas de scandale, les propriétaires du lieu n'y peuvent rien et vous stressez tout le monde. Ne pensez pas qu'on peut changer de chambre tous les jours : passer de la 504, trop petite, à la 508, sans vue, à la 765, trop sombre, parce que le client est roi et que vous avez payé. Bien sûr, vous méritez un confort maximal mais ne demandez pas l'impossible. Vous êtes en vacances alors décontractez-vous.

Les pires touristes

Les hôteliers sont unanimes. C'est dur à dire, dur à écrire, mais les Français ont été élus à l'unanimité les touristes les moins sympathiques du monde. Et si vous renversiez la vapeur ? Et si vous arriviez à la réception tout sourire, si vous saluiez le personnel avec gentillesse ? Et cela, même si votre chambre n'est pas tout à fait prête et que vous devez attendre un quart d'heure avant d'y entrer. Faites aussi l'effort de dire deux mots d'anglais si c'est nécessaire, même si vous le parlez comme une vache espagnole. Les employés des hôtels et des clubs de vacances sont formés pour que vous passiez un bon moment chez eux et il serait sympathique de les féliciter pour leur professionnalisme. En tout cas de leur faire savoir, de temps en temps, comme vous appréciez leurs services. Si on s'y met tous, il est très probable que nous passions de pires à meilleurs touristes au monde. Il y a un peu de boulot mais on devrait y arriver. Un seul mot d'ordre : redorons notre image !

Grande tablée

Il est fréquent d'avoir à partager sa table lors de séjours dans des clubs de vacances. Des inconnus s'assiéront à côté de vous pendant le déjeuner et le dîner et, même si cela vous paraît bizarre, il va falloir vous y faire. Saluez-les, soyez cordial et faites mine d'être heureux de les voir s'installer près de vous, même si ce n'est pas le cas. Vous n'avez pas à raconter votre vie, ni eux la leur, mais vous pouvez tout de même engager la conversation. Si vous n'avez rien à dire, pensez : météo, enfants, excursions à ne pas rater. Bref, vous trouverez bien quelque chose. Là encore, si les enfants de ces vacanciers sont insupportables, souriez et comparez ces petits monstres avec vos propres petits anges : un moyen efficace de se remonter le moral. Débrouillez-vous pour les éviter les jours suivants s'ils vous ont cassé la tête avec leurs discussions sans intérêt ou s'ils se curent les dents avec leur couteau. Et tâchez de trouver d'autres clients avec qui vous aurez – peut-être – plus d'affinités.

Plus gros que le ventre

Et oui, c'est buffet à volonté. Tout est gratuit. Et c'est cette gratuité qui vous encourage à manger plus que de raison. Votre assiette est remplie de mets divers et variés, ça déborde. Quelle importance puisque vous n'avez pas à mettre la main au porte-monnaie. Installé à votre table, vous allez vite vous rendre compte que vous ne pourrez pas avaler la moitié de votre salade de pâtes. N'avez-vous pas l'impression d'agir comme votre enfant de 10 ans ? Celui à qui vous ne cessez de faire des remontrances parce qu'il a les yeux plus gros que le ventre ? Ce comportement est simplement ridicule. Pour y pallier, prenez des petites assiettes qui vous empêcheront de vous servir de manière excessive. Sachez être à la hauteur de votre réputation : modéré et digne. Vous vous sentirez léger toute la journée et, comble de la joie, vous n'aurez pas pris un kilo en rentrant chez vous. Si c'est pas le bonheur.

Pension presque complète

Il n'y a pas de petites économies, tel est votre credo. Vous avez choisi la formule demi-pension alors le buffet du petit déjeuner servira, mine de rien, au déjeuner ! Vous n'avez plus qu'à chiper - et à emballer discrètement - du pain, des tranches de jambon, des œufs durs et autres parts de tarte et à composer un délicieux pique-nique à déguster tranquillement sur la plage. Eh bien non, ce n'est pas possible. D'abord parce que ce buffet n'est absolument pas destiné à ça, que c'est mesquin et terriblement grossier. Pensez qu'en subtilisant de la nourriture, vous privez peut-être les autres vacanciers du petit déjeuner qu'ils espéraient trouver. Si on vous prend la main dans le sac, vous serez mortifié et beaucoup penseront que vous méritez bien cette petite humiliation.

Nuit blanche

C'est inouï mais il paraît que certains dorment la nuit. Ce n'est peut-être pas votre cas : vous aimez faire la fête et retrouver votre chambre aux premières heures du jour. Grand bien vous fasse. Mais soyez discret. Inutile, à 2 heures du matin, de jeter bruyamment vos chaussures au sol, de claquer les portes de placards, de raconter à haute voix votre soirée, de glousser ou de faire couler un bain longtemps, longtemps... Vos voisins aimeraient bien continuer à rêver tranquillement et vous les en empêchez. Même chose pour les amoureux, qui croient être seuls au monde, mais qui, à l'hôtel ou au club, ont oublié qu'ils ne le sont pas : modérez vos ardeurs. Si, au contraire, vous ne supportez plus la personne avec qui vous partagez ces quelques jours de vacances, attendez au moins 10 heures du matin pour lui exprimer votre ressentiment. Et arrêtez après 20 heures. La chambre mitoyenne à la vôtre n'a pas très envie de savoir que vous n'êtes qu'un sale égoïste ou que votre conjoint est un terrible radin. Chacun chez soi et les moutons seront bien gardés.

Toujours pas arrivés les amis que vous attendiez hier ?

Preum's !

Bien sûr, la piscine collective est bondée dès 10 heures du matin, bien sûr, les places sont chères. Mais est-ce vraiment nécessaire de vous comporter comme un gougnafier ? En déposant des serviettes sur deux, trois matelas dès potron-minet, ou, pire, la veille, pour être sûr d'avoir les meilleures places, même si vous débarquez autour de cette piscine un peu plus tard que les autres ? Obligeant par là même les vacanciers à s'allonger par terre ou à se retrouver à l'ombre puisqu'ils ont cru, bêtement, que les matelas étaient utilisés ? Même chose pour les draps de bain ou les palmes, prêtés par le club, que vous monopolisez pour vous en servir à peine. Rappelez-vous que vous avez choisi des vacances en communauté : assumez ce choix ! N'abusez pas des facilités de ce séjour « clés en main », sinon partez sur une île déserte, là où personne ne troublera votre bien-être.

Dans le grand bain

La piscine est une des activités préférées des petits et des grands. Avant d'y faire entrer vos chères têtes blondes, vérifiez qu'ils n'ont pas besoin de faire un tour aux toilettes : très important ! L'hygiène est essentielle dans ces bassins accessibles au plus grand nombre. Et mettez-les en garde : il est rigolo de plonger, de faire des bombes, mais ils risquent fort de se faire sermonner par des adultes qui n'aspirent qu'à effectuer quelques brasses. S'il existe une piscine pour les petits, c'est là qu'ils s'ébroueront, pas ailleurs. Surveillez-les attentivement et empêchez-les de noyer leurs petits camarades, ils adorent ça. Quant aux adultes qui s'amusent comme des fous à hurler en sautant dans la piscine, pensant sans doute attirer l'attention de cette jolie blonde, qu'ils sachent que c'est une mauvaise idée :

1. Elle vous trouvera immature,
2. Même plutôt abruti,
3. Vous l'avez aspergée alors qu'elle vient de se faire un brushing.

Bref, elle vous hait. Autant que vous le sachiez.

Tout doit disparaître

Les petits savons, les shampoings, les sels de bains qui sentent bon, allez, avouez que vous avez envie de tout emporter. Après tout, pourquoi pas. C'est un peu enfantin, ce n'est pas très chic, mais personne ne vous en voudra. En revanche, vous risquez une grosse humiliation si vous pensiez que chaparder le peignoir ou les jolis cendriers gravés au logo de l'établissement ne se remarquera pas. Si, le personnel est au courant et vous demandera des comptes… D'ailleurs, beaucoup d'hôtels vendent ces accessoires qui vous font envie et se feront un plaisir de les ajouter sur votre note. Les souvenirs, c'est comme tout, ça se paye.

Décharge flottante

Les hôteliers débordent d'idées pour que vos vacances soient idylliques. Imaginez déguster une tequila les pieds dans l'eau au coucher du soleil. Certains clubs ou hôtels ont imaginé des bars aquatiques qui vous permettent de prendre un verre sans sortir de la piscine puisqu'il est édifié au beau milieu du bassin. Est-ce la raison pour laquelle on nage entre deux canettes de soda et trois emballages de biscuits apéritifs ? Remettons donc les pendules à l'heure. La piscine n'est pas une poubelle. On n'y jette pas ses détritus, on ne joue pas avec des bouteilles. Cela peut être dangereux et, mais vous l'aviez compris, antihygiénique.
Et, pendant qu'on y est, ne jetez rien non plus dans la mer.
Les eaux de la planète ne vous paraissent-elles pas déjà suffisamment polluées ? N'apportez pas votre pierre à ce triste édifice.

Au secours !

Vous avez eu la peur de votre vie. Une araignée géante, poilue et immonde se balade tranquillement dans votre baignoire. Phobique de ces petites bêtes, vous avez failli tourner de l'œil. « À l'aide ! » pensez-vous très fort. Mais, avant de lancer un SOS, regardez votre montre. S'il est 3 heures du matin, une solution – et une seule – s'ouvre à vous : fermez la porte de la salle de bains et allez vous coucher. Merci de ne pas réveiller le personnel de l'hôtel pour tout et n'importe quoi : une araignée dans votre baignoire donc, mais aussi un petit creux, une soudaine envie de rosé, les horaires du train Saint Brieuc-Paris. Il est 3 heures du matin et vous devez dormir. On verra tout ça tranquillement demain matin. Le mythe de la rock star qui cassait tout dans sa chambre et qui importunait sans cesse le petit personnel, c'est dépassé. Et puis vous n'êtes pas Mick Jagger.

Le parfait client

Vite, il faut profiter jusqu'à la lie de ces quelques jours de vacances. Le matin, c'est un peu la course. Que cela ne vous empêche surtout pas de laisser une chambre relativement propre, tout au moins décente. La femme de ménage qui viendra dans votre antre après votre départ ne devrait pas ramasser vos chaussettes sales. Ni les serviettes que vous avez laissées en plan sur le sol : si elles sont propres, suspendez-les, si elles ne le sont plus, posez-les, pliées, sur le lit. N'apportez pas de nourriture dans la chambre et si vous n'avez pas pu faire autrement, jetez les détritus dans la poubelle et ne laissez rien traîner. L'employé est payé pour nettoyer derrière vous, certes, mais pas pour être votre esclave. Si, par malchance, vous ne retrouvez plus votre montre, cherchez-la minutieusement avant d'accuser un membre du personnel de l'avoir volée. C'est très désagréable de se faire accuser injustement et vous serez bien embarrassé quand vous la retrouverez. Faites-vous une réputation de client exemplaire : l'année prochaine, vous serez accueilli comme un roi (ou comme une reine) !

Midi...? Oui...?
Et donc...?

À l'année prochaine

Les hôtels ont un règlement. Il faut le respecter. L'une des règles est l'heure à laquelle on doit définitivement quitter sa chambre. C'est en général en fin de matinée et il faut éviter de traîner. Le personnel attend que vous soyez sorti pour y faire le ménage. Et il n'a pas toute la journée. En quittant les lieux, et après avoir réglé la note, pensez à donner un pourboire à la femme de chambre que vous avez croisée dans les couloirs. C'est gentil et ça se fait. Pareil pour le maître d'hôtel, s'il y avait un restaurant, surtout s'il a été aux petits soins. Bien sûr, le service est compris dans l'addition, mais un petit geste est toujours le bienvenu.

4

L'auberge espagnole

Et vous me mettrez aussi un kilo de ça...

Petits services entre amis

Vous êtes suffisamment intime avec vos amis pour leur demander de l'aide. Si vous avez besoin de Gérard pour faire les courses, si Marguerite peut garder les enfants quelques heures, ne soyez pas gêné de les solliciter. Il est normal quand on vit dans une même maison de s'épauler et c'est même encore mieux de proposer ses services. Cela doit être fait naturellement. Ceux qui ont été serviables ne doivent pas s'attendre à recevoir des fleurs.
En choisissant de partager votre vie quotidienne, vous devez être disponible pour les autres. Si décidément, l'entraide, ce n'est pas trop votre truc, partez en vacances en solitaire, on vous le recommande vivement.

Pot commun

Louer une maison à plusieurs est, dans l'absolu, une magnifique idée. 24 heures sur 24 avec vos amis, c'est la garantie de vacances réussies. C'est aussi un fantasme si vous n'avez pas, en amont, réfléchi à deux, trois choses essentielles. Le nerf de la guerre, la cause de bien des conflits, est l'argent. Même si vous détestez en parler, il va falloir vous y mettre. Le plus simple est de tout partager. La location bien sûr, mais aussi la nourriture. Hors de question que l'un de vous aille sans cesse au marché et pas les autres. Le plus astucieux et le plus raisonnable, c'est le pot commun. Le premier jour, chacun met la même somme dans une cagnotte. Ce qui ne vous empêchera pas d'acheter parfois un dessert ou un rôti avec vos propres sous si l'occasion se présente. Évidemment, si vous avez cinq enfants et vos amis deux, voire pas du tout, le « prorata » est la solution idéale. Choisissez, une bonne fois pour toutes, ce qui vous paraît le plus simple et le plus juste avant de partir. Tenez-vous en tout le séjour et n'en parlez plus.

En harmonie

On ne propose pas à n'importe qui de passer quelques semaines de vacances ensemble. Ne vous emballez pas trop vite. Vous avez rencontré un couple extrêmement sympathique au cours d'un dîner. Vous vous êtes revus une fois et décidément, ils sont formidables. Mais que savez-vous vraiment de ces gens. Et s'ils étaient radins ? Et s'ils avaient des enfants infernaux ? Et s'ils étaient couche-tôt ? Avant de leur demander de vivre avec vous, car il s'agit bien de cela, renseignez-vous sur leur comportement auprès de vos connaissances communes. Vous pouvez tenter le coup - qui ne tente rien n'a rien - et passer d'excellentes vacances. Vous pouvez aussi regretter amèrement votre choix, quand, à 2 heures du matin, vous les entendrez s'injurier derrière la cloison. C'est un risque à prendre. Et puis, si ces quelques semaines ont été un enfer, vous ne pourrez vous en prendre qu'à vous-même. Colette disait : *« Il est bon de traiter l'amitié comme les vins et de se méfier des mélanges. »* On n'a jamais si bien analysé la situation.

Quand il ne dort pas la nuit il n'y a que ça qui l'apaise...
désolée...

Douce nuit

C'est sans doute l'air revigorant du bord de mer. On dit qu'il n'est pas fait pour les insomniaques. Depuis des heures, vous faites la crêpe dans votre lit et, de guerre lasse, décidez de descendre au salon. Il y règne un silence de cathédrale. Normal, il est 3 heures du matin. C'est pourquoi il n'est pas indispensable de faire sursauter les dormeurs qui n'avaient rien demandé, en mettant, même en sourdine, un peu de musique. On évite également de se faire cuire une saucisse, sous prétexte que la digestion aide à l'endormissement. Si vous devez vous lever la nuit, soyez le plus discret possible. Prenez un livre, des biscuits et un verre de lait, évitez d'allumer toutes les lumières si une des chambres est mitoyenne et savourez tranquillement ce petit moment de solitude. Demain, vous ferez la sieste et tout rentrera dans l'ordre, ne vous tracassez pas pour ça.

La patience est d'or

Il est très rare que, dans la vie en communauté, il n'y ait pas de tensions. Il est même normal que Marguerite vous ait agacé la veille avec son interminable monologue sur le réchauffement de la planète ou que vous ayez été irrité par Gérard, sa grasse matinée et son air surpris de vous voir déjà en cuisine. Vous les connaissez par cœur et vous avez choisi librement de partir avec eux en vacances.
Alors, prenez sur vous et détendez-vous. La petite réflexion bien désagréable qui vous trottine dans la tête et qui vise directement Marguerite ou Gérard, remisez-la : elle ne servira à rien d'autre qu'à assombrir la bonne ambiance qui régnait jusqu'ici.
Pour le bien de tous, soyez magnanime. Sachez que Marguerite et Gérard ont peut-être pas mal de choses à redire sur votre comportement et qu'ils ont, eux, choisi de se taire pour ne pas tout gâcher. Le principal, c'est qu'au fond vous adorez être ensemble. Et ça, c'est irremplaçable.

Jambon purée

Votre signe particulier ? Celui qui fait sourire vos amis ?
Vous ne savez rien faire. Surtout pas la cuisine. C'est un personnage que vous avez créé et qui vous paraît irrésistible. Hélas ! Ne croyez pas que cette posture fasse l'unanimité. Car partager une maison, c'est partager les tâches ménagères, que cela vous plaise ou non. On ne vous demandera certes pas de concocter un canard à la pékinoise, mais peut-être de préparer la vinaigrette ou d'éplucher les patates. De mettre le couvert ou de desservir. En un mot, de vous lever, de participer et de ne pas croire que votre conversation, aussi passionnante soit-elle, vous empêche de mettre la main à la pâte. Quant à vos amis, ils peuvent, sans gêne aucune, vous demander de les aider et, pourquoi pas, de rentrer une fois ou deux avant eux de la plage pour préparer des sandwichs. Ne prenez pas cet air outré, c'est chacun son tour. Et puis, pas de panique, de retour chez vous, vous continuerez à mettre les pieds sous la table. Comme avant.

La douche froide

Les maisons de location ne sont pas toujours d'un goût irréprochable. Entendez que la table de la cuisine est en Formica, que des canevas représentant clowns et autre tête de chien égayent le mur du salon et que des nains en porcelaine vous regardent fixement du bout du jardinet. Il est possible également que le luxe, au moins le confort, ne soit pas au rendez-vous et qu'il n'y ait qu'une seule salle de bains. Vous êtes huit, c'est un problème. En tant que roi du savoir-vivre, vous laisserez évidemment les dames passer avant vous.
Ces dames doivent savoir que le chauffe-eau est peut-être un peu petit et qu'après deux douches, le jet brûlant qu'elles ont savouré pendant une demi-heure ne sera pour les autres qu'un filet d'eau glaciale. Soyez donc assez aimable pour penser aux suivants qui ont, tout comme vous, besoin de faire un brin de toilette. Alors la douche, c'est cinq minutes, pas une de plus !

C'est pas moi

Il est fort probable qu'en louant une maison à plusieurs, il y ait de la casse. Dans les maisons de location, les propriétaires laissent rarement des objets précieux mais ce n'est pas une raison pour ne pas être précautionneux. Imaginons que vous brisiez une lampe en mille morceaux, ne soyez pas malhonnête en jetant, discrètement mais sûrement, les débris dans la poubelle du voisin. Le propriétaire ou la personne qui gère la villa doit être au courant. On vous demandera sans doute de la rembourser. Même chose pour l'électro-ménager : si le fer à repasser ou la machine à laver tombent en panne, signalez-le et ne repartez pas chez vous la bouche enfarinée en laissant les futurs locataires se débrouiller.
Quant à Médor qui a bousillé les massifs de roses du jardin, il se pourrait aussi que vous deviez régler la note... Non sans vous confondre en excuses.

Rien à redire

Ça y est, il faut partir... sans se retourner. Ou presque. En fait, si, il va falloir vérifier que le ménage a été fait partout dans la maison avant de rendre les clefs. Et cela, même si en arrivant vous avez trouvé à redire sur la propreté de la salle de bains. Faites un tour dans les chambres : les draps ont-ils bien été enlevés, l'aspirateur a-t-il été passé ? Dans la cuisine, reste-t-il des aliments périssables ? Le réfrigérateur est-il propre et vide ? Bref, ayez l'œil. N'oubliez pas de fermer le compteur d'eau et d'électricité. Réaménagez la maison à l'identique, c'est-à-dire qu'il va falloir redisposer les napperons et autres toiles de maître que vous aviez incidemment remisés dans la cave. Si cette villa vous a plu et que vous avez très envie de la louer à nouveau l'an prochain, il est indispensable qu'elle soit impeccable. Dans le cas contraire, les propriétaires trouveront d'autres locataires. Plus civilisés. À bon entendeur...

Fais pas ci, fais pas ça

L'amitié la plus profonde, la plus indéfectible peut exploser en plein vol. La faute à des diablotins de moins d'un mètre de haut. De petits tsunamis qui, l'air de rien, font tout ce qu'il faut pour que vous vous brouillez à jamais avec vos amis d'enfance. Avant de partir en vacances avec ces bons copains, parents de chérubins despotiques, réfléchissez bien aux conséquences. Car, quoi qu'il arrive, vous devrez rester stoïque même si l'envie de les gifler vous prend plusieurs fois par jour. S'ils hurlent à 7 heures du matin, bouchez-vous les oreilles, s'ils refusent de déjeuner, allez faire un tour, s'ils vous donnent un coup de pied, ne répliquez pas. Et surtout, s'ils parlent mal à leur mère, ne leur signifiez pas votre mécontentement. En disant à un enfant qu'il ne doit pas être insolent, ce sont ses parents que vous agressez. Et ces parents, même les plus finauds, n'ont plus de sens commun quand on s'en prend à leurs petits. Vous attaquez leur propre chair et votre amitié ne pèse pas lourd face à cette situation. Alors deux solutions s'offrent à vous : déclinez les vacances tous ensemble ou acceptez que leurs cris vous vrillent les tympans.

À titre de comparaison

Vos enfants sont des petits êtres exquis. Intelligents, vifs, et si bien élevés. Quelle chance ! Les enfants de vos amis, en revanche, n'ont rien pour eux. Vous ne le dites pas, bien sûr, mais le pensez si fort qu'on l'entendrait presque. Car vous ne pouvez vous empêcher de comparer. Stop ! Il est impossible de dire à une mère qu'elle devrait faire comme vous, être plus sévère ou plus indulgente... Chacun fait comme il peut, chacun ses propres idées sur l'éducation. Si Marius a du mal à avaler ses épinards, tandis que votre Gaspard les dévore, n'intervenez pas. Ne dites jamais à Marius : *« Regarde Gaspard comme il est obéissant »*, ça ne fera qu'empirer les choses et ce n'est pas vos oignons. Vous mériteriez que Gaspard fasse une grosse bêtise et que les parents de Marius ironisent sur votre merveilleuse pédagogie.

Parti pris

Rares sont les enfants qui ne se disputent pas en vacances. Surtout lorsqu'ils se côtoient 24 heures sur 24. Contrairement aux adultes qui, s'ils n'en pensent pas moins, prennent sur eux, les plus petits ont du mal à dominer leur colère. Vous savez bien, au fond, que c'est votre fille qui est dans son bon droit. La douce et raisonnable Constance a forcément été la victime de l'effrontée Clarisse, fille de votre meilleure amie. Nous ne vous dirons pas ici ce que nous pensons de cette façon de raisonner, mais sachez que nous désapprouvons ! Quoi qu'il en soit, il ne faut jamais prendre partie. Défendre avec véhémence la chair de sa chair pour une broutille est toujours un peu ridicule. Si les deux filles se mettent à crier, venez voir ce qu'il se passe et faites l'arbitre. Donnez-leur la parole à tour de rôle, insistez sur le fait que ce n'est pas bien grave et n'allez jamais dans le sens de votre fille. Si la mère de l'ennemie débarque sur ces entrefaites, minimisez la situation et passez à autre chose.

Collectif

C'est à vous de faire en sorte que les enfants de différentes familles s'entendent pendant les vacances : il suffit de les faire jouer ensemble. Organisez une grande partie de foot dans le jardin, mélangez frères et sœurs, copains, copines, motivez-les. S'il pleut, imaginez ce qu'ils pourraient faire collectivement : un jeu de société, un concours de dessins, une maquette. Il faut leur donner l'impression de former une grande famille, au moins pendant le temps des vacances. Surveillez qu'aucun d'entre eux n'est mis à l'écart et si c'est le cas, demandez aux plus grands de l'intégrer au groupe. Non seulement, ils seront fiers de la confiance que vous leur portez mais ils se sentiront responsables. Ne faites, bien sûr, aucune différence entre vos propres enfants et les autres. Ce serait vraiment effrayant. Et, tandis que vous somnolerez sur le canapé du salon, écoutez la douce musique de cette petite troupe qui joue ensemble et sombrez dans un sommeil bien mérité.

Fais dodo

Certains enfants ont du mal à s'endormir. Sauf si vous êtes là. Attention ! C'est un piège. Maximilien vous prend en otage et vous devez résister. Pour les amis avec qui vous partagez quelques jours de vacances, vous voir partir dans la chambre de votre fils qui vous appelle en hurlant est une calamité. Cela commence en général par le petit livre qu'il faut lire ensemble, par le petit verre d'eau qui devient soudain impérieux de boire, par le petit câlin qui n'en finit pas. Bon an, mal an, vous allez rester plus d'une heure avec le chérubin. Il ne vous lâchera pas si vous ne mettez pas le holà. Pendant ce temps, les adultes s'agacent et on les comprend. Ils attendent de se mettre à table mais Maximilien les en empêche. Débrouillez-vous comme vous voulez, mais ne passez pas plus de dix minutes dans la chambre de votre garnement. Tout cela est un peu votre faute, puisque c'est vous qui avez instauré ce rituel quelque peu pénible pour les autres. Sachez aussi que Maximilien, tout petit enfant qu'il est, commence à leur taper sur les nerfs...

Alors ? Raconte…

Votre ado s'est réveillé à midi. On imagine sa soirée. Eh bien, imaginez autant que vous le voulez mais ne lui posez pas de questions, du moins indiscrètes. Vous pouvez lui demander où il était, avec qui, mais le côté complice, les « Alors Juliette était là », agrémenté d'un clin d'œil entendu, ça ne passera pas. Il y a toutes les chances pour que ce grand dadais soit exaspéré par votre interrogatoire. Mettez-vous deux minutes à sa place. Votre propre adolescence n'est pas si lointaine et vous devez sûrement vous souvenir comme vous détestiez être interrogé par vos parents sur votre intimité. Le temps passe mais les comportements parents enfants, même s'ils ont évolué, sont toujours un peu les mêmes. Et puis, accordez vos violons si vous êtes en vacances à plusieurs familles. Votre fils et la fille de vos amis, s'ils ont le même âge, doivent avoir les mêmes autorisations de sortie, cela paraît plus simple. Et surtout plus paisible ! Car une fois encore, les éducations des uns et des autres ne sont jamais les mêmes et ce sont ces différences qui provoquent des litiges. En vacances, laissez vos ados tranquilles, laissez-les profiter des chaudes soirées d'été. Vous vous rattraperez à la rentrée !

Le Menu Parfait
de la semaine :
lundi : steack + frites
mardi : Pizza !
mercredi :
Poulet + frites
Jeudi : de la
purée + jambon
Vendredi : Hamburger
+ Frites
Les autres jours pareil
(+ beaucoup de
glaces !)

De bons petits plats

Vos enfants n'aiment pas les tomates. Ni les haricots. Et pas tellement non plus le poisson. Ils rechignent, renâclent, résistent, rien à faire. Ne vous gâchez pas vos vacances entre amis pour si peu. Présentez tout de même aux petits les plats et voyez ce qu'ils peuvent trouver à leur goût. Ne les forcez pas surtout si leurs sanglots perturbent le sympathique déjeuner que vous aviez préparé. Si, décidément, il faut prévoir autre chose pour eux, ne restez pas des heures à la cuisine pour faire cuire le bifteck-spaghettis, seuls aliments que Paul daigne avaler. Prévoyez à l'avance des menus spéciaux que vous n'aurez plus qu'à réchauffer. Vos amis n'ont pas à supporter les caprices des uns et des autres et veulent passer un moment tranquille.

5

Ami, ami

REFAIRE SA DÉCO DE A à Z

Je vous ai apporté des bonbons

Inutile de préciser qu'on ne passe pas quelques jours chez des amis sans leur apporter un cadeau. Si vous êtes déjà venu chez eux, vous avez sans doute repérer la petite chose qui leur manque : le grille-pain date de Mathusalem, les cendriers sont ébréchés, le sécateur ne fonctionne plus. Mais vous savez peut-être aussi que vos amis sont amateurs de chablis ou qu'ils collectionnent les Pléiade. Si, en revanche, vous ne connaissez pas leurs goûts, attention à ne pas tomber à côté de la plaque. Faites neutre. Boîte de chocolats, champagne, bougie parfumée, vase (pour offrir plus tard quelques roses), ne vous singularisez pas pour faire le malin et ne pensez jamais qu'ils aiment ce que vous aimez. On évite donc : le tableau d'un copain peintre, des DVD de films d'horreur, les CD de chants traditionnels corses, le *Traité du désespoir* de Kierkegaard, tous ces présents qui viennent, certes, du cœur mais qui risquent de faire un flop.

Mais qui paye quoi ?

A priori, vos amis ne vous demanderont aucune contribution financière pour ces quelques jours passés chez eux. Entendez qu'ils ne devraient pas vous réclamer un petit chèque pour l'électricité. Si c'est le cas, fuyez ! En revanche, il paraît normal de partager certains frais. Soyez l'invité parfait en vous rendant avec vos hôtes au marché et en proposant d'acheter un gigot ou un dessert. C'est la moindre des choses. Un invité qui regarde bêtement ses petits camarades faire les courses en ne sortant pas les mains de ses poches est un malotru. S'il est décidément impossible de participer à quoi que ce soit, certains amis sont très généreux, profitez-en pour vous balader et tâchez de trouver quelle est la spécialité de la région. Un confit de canard dans le Lot, un kouign aman en Bretagne, des rillettes au Mans, le fameux fromage du coin : il y en a 3500 sortes en France, vous devriez trouver.

Petite tenue

C'est une question que se posent moins les hommes que les femmes : comment s'habiller au petit déjeuner ? Les hommes enfilent un jean, mais les femmes ? Peuvent-elles descendre en nuisette ou doivent-elles être fin prêtes ? Tout dépend de l'intimité qui vous lie à vos hôtes. De vieux copains ne devraient vous tenir rigueur d'être légèrement vêtue. Enfin, tout est relatif : le côté froufrou transparent est à éviter. Mais si votre pyjama ou votre chemise de nuit ne laisse rien paraître de votre anatomie, fût-elle charmante, personne n'y verra d'inconvénients. En revanche, si vous venez pour la première fois chez ces hôtes, prenez votre douche et habillez-vous avant le petit déjeuner. On ne sait jamais. Imaginez la scène : tout le monde impeccable autour de la table et vous, échevelée, vêtue d'un négligé ultra-sexy... reluquée de haut en bas par des amphitryons ébahis, qui, pour certains, seront ravis. Pas tous...

Pas d'inquiétude ! En général, il s'anime vers 10-11 H ...

Matins brumeux

Vous n'êtes pas du matin ? On ne veut pas le savoir. Quoi qu'il arrive, on débarque toujours à la table du petit déjeuner avec un grand sourire. Si vous souffrez le martyr à l'idée d'articuler trois mots avant d'avoir bu votre café, faites un effort. Vos amis ont droit à votre bonne humeur dès potron-minet. Alors, on se force, on demande comment la nuit s'est passée et on ne dit pas qu'on a fait une insomnie si c'est le cas. Vos hôtes penseront que leur literie ne vous a pas plu. Même si on n'a pas fermé l'œil de la nuit, on reste affable. Si vous vous réveillez à midi et que la table est dressée pour le déjeuner, le bœuf bourguignon en train de mijoter, vous devriez vous sentir un peu gêné. Bien sûr, vos amis ne vous en tiendront pas rigueur mais vous leur avez quand même bousillé leur matinée. Alors, même si cela semble inhumain, mettez une alarme sur votre téléphone portable. 9 h 30, c'est bien si vous vous êtes vraiment couché trop tard. Histoire de prendre le petit déjeuner ensemble et de mettre la main à la pâte. D'être le copain prévenant qu'on réinvitera...

Aux petits soins

Il n'est pas question de chômer pendant ces quelques jours de vacances. Vous êtes invité mais pas manchot. Aussi, soyez attentif à ce qui se déroule dans la maisonnée. Des bruits dans la cuisine ? Allez faire un tour pour vérifier qu'on n'a pas besoin d'un coup de main. Le premier jour, tâchez de repérer la place des fourchettes, des ustensiles, des nappes et autres verres et lancez-vous. Vous pouvez au choix, mettre le couvert, aider à préparer le déjeuner, proposer de concocter votre spécialité, desservir, faire le café. Bref, on ne reste pas les bras croisés en attendant que ça se passe. On ne vous a certes pas invité pour suer sang et eau mais c'est à vous de prendre les devants. Si votre hôte insiste pour que vous vous relaxiez, acceptez son offre mais revenez un peu plus tard à la charge. Il est normal de partager le boulot, on ne devrait même pas vous remercier pour ça.

Immaculé

À moins d'être invité dans une maison de luxe, une salle de bains se partage. Quand c'est votre tour de prendre une douche, n'y restez pas deux heures : on attend que la place soit libre. Mais surtout, avant de sortir, vérifiez que vous avez laissé place nette : une bonne aération, une baignoire ou une douche impeccable, pas un cheveu qui traîne, un sol sec. Emportez avec vous les serviettes de bain qu'on vous a fournies plutôt que de les abandonner sur place. Eh oui, la personne qui fera sa toilette après vous ne doit pas sentir la trace de votre présence. Si ce n'est la délicieuse odeur d'eau de Cologne que vous y avez laissée...

Orages dans l'air

Le plus solide des couples a quelquefois ses humeurs. Dans certaines situations, mieux vaut prendre la poudre d'escampette. Imaginons que vous êtes le témoin non consentant d'une dispute entre vos deux hôtes. Une histoire de gigot trop cuit ou d'enfants trop insolents. Surtout, ne vous en mêlez pas ! Prenez votre air le plus innocent et prétextez n'importe quoi pour sortir de la pièce. Partez loin, loin, tout au bout du jardin et admirez les bégonias. Prenez votre temps - le bégonia est passionnant - mais tendez quand même l'oreille. Si l'orage est passé, vous pouvez revenir en chantonnant, comme si de rien n'était. Et si vos hôtes vous prient de les excuser pour ce spectacle navrant, faites comme si vous n'avez pas compris de quoi il s'agissait. Une dispute ? Ah bon ? Mais quelle dispute ? Ce gros mensonge est celui d'une personne civilisée et on vous saura reconnaissant de votre délicate discrétion.

À table !

Même si vous aimez vous balader des heures en forêt, même si vous aimez nager longtemps, très longtemps, débrouillez-vous pour être à l'heure dite à table. Demandez toujours à vos hôtes l'heure à laquelle ils déjeunent. Et vous ne devez jamais être en retard. Débarquez à 14 heures quand un déjeuner est prévu pour 13 heures est très agaçant. Le rôti sera trop cuit et les amphitryons crieront famine. Attablé, on a vu qu'il ne fallait pas hésiter à se lever pour aider mais aussi à faire la conversation. Ne monopolisez pas la parole non plus, même si on vous pose des questions. Félicitez les maîtres de maison pour leurs plats même s'ils ne sont pas à la hauteur de vos espérances. Souriez, riez, questionnez grands et petits, mettez de l'ambiance. C'est aussi votre rôle de convive.

Allez, au revoir

Il n’est si bonne compagnie qui ne se quitte. C’est l’heure du départ. Avant de quitter votre chambre, enlevez les draps de votre lit et pliez-les en quatre avec précaution. Vérifiez que la pièce est rangée, que les éventuelles bouteilles d’eau sont jetées, que la lumière est éteinte. On ne vous demande pas de faire entièrement le ménage, mais, sans pour cela passer l’aspirateur, faites place nette.
Au moment des adieux, remerciez bien sûr vos hôtes, glissez à l’un comme ses côtes d’agneau au barbecue resteront dans les annales et à l’autre comme vous vous sentez enfin reposé. Vous ne dites que la stricte vérité, alors allez-y, ne vous gênez pas pour les complimenter.

Tellement champêtre

C’est toujours pareil. On est vautré sur un transat, à l’ombre, tranquille. On n’a rien demandé à personne, quand surgissent de nulle part nos charmants hôtes. Empressés et polis, ils suggèrent de nous emmener admirer cette ravissante chapelle de style gothique à vingt kilomètres de là. Au secours ! Dire qu’on était si bien, si proche du paradis. Rassurez-vous, on peut tout à fait refuser une telle invitation si on sait s’y prendre. D’abord en se confondant en excuses (légère douleur à la cheville, fatigue soudaine, coup de fil professionnel urgentissime, etc.) et en proposant de remettre la charmante excursion au lendemain. Mais le lendemain, on n’y coupe pas. Refuser de se balader avec ces amis qui ont eu la gentillesse de vous convier chez eux fonctionne une fois. Pas deux. Même si l’art gothique vous laisse de marbre, vous devrez vous y coller. Autre chose, les propriétaires de résidence secondaire sont presque toujours amoureux de leur région. Vous ne critiquerez jamais les alentours, même si le paysage est plat, triste et sans intérêt. Pour leur faire plaisir, vous le trouverez émouvant, inattendu, romanesque : on est sûr que vous trouverez quelque chose.

Trois fois rien

Il arrive qu'une employée de maison soit présente pour aider vos hôtes. Elle a été prévenante, serviable, toujours là quand il fallait et, avouez-le, vous a évité bien des corvées. Avant de quitter les lieux, il serait bien de la remercier. Discrètement, glissez un billet dans sa poche. Elle commencera par refuser. Dites-lui seulement que c'est normal et changez de conversation au plus vite. Parlez-lui du temps, de ses enfants, de ce que vous voulez pour ne pas l'embarrasser. Elle sera touchée car, entre nous, on oublie parfois que ces vacances sans elle auraient été bien moins reposantes.

Chers amis

C'est une tradition qui se perd et c'est bien dommage. Il ne suffit pas de remercier ses amis de vive voix, il est bien aussi de leur écrire. Les SMS sauvent les allergiques de la correspondance, les mails rendent bien des services, mais rien ne vaut la lettre de château, la vraie de vraie, écrite à la main, glissée dans une enveloppe et envoyée par la Poste. Sortez votre plus belle plume et dites toute votre reconnaissance. Rappelez-leur quelques anecdotes amusantes, demandez la recette du fameux poulet au citron, prenez des nouvelles des enfants et exprimez votre nostalgie de ces bons moments, votre difficile retour chez vous sous la grisaille. Bref, ces petites choses qui vont droit au cœur et qui feront dire à vos hôtes que si vous êtes un ami parfait, ils ne sont pas mal non plus.

Bon alors, si je comprends bien je retourne au château, je prends à gauche et pas à droite, je descends dans la vallée, je traverse le petit pont ... et là je vous rappelle... ?

Toujours tout droit

Accéder à votre maison de vacances est un jeu d'enfant. En tous les cas, c'est ce que vous croyez. Mais « le petit sentier tout de suite à gauche après le champ de maïs » est peut-être plus difficile à trouver que vous ne le pensez. En indiquant le chemin qui mène jusqu'à chez vous, soyez précis. Très précis. Imaginez que vos convives ne soient pas équipés d'un GPS et qu'ils rôdent depuis une heure aux alentours de votre résidence : s'ils sont seuls en auto, ils paniquent, s'ils sont plusieurs, ils en viennent aux mains. Avant le départ, envoyez-leur par mail un parcours détaillé. Mettez-vous toujours à leur place et ne parlez pas de la RN 45 ou de telle route communale qui ne porte pas de nom. Mais indiquez plutôt la direction à prendre indiquée sur les panneaux. Le sens de l'orientation étant une qualité aléatoire, certains de vos amis arriveront tout sourire chez vous. Les autres aussi, car ils sont polis, mais au fond, tout au fond de leur cœur, ils n'auront qu'une envie : vous égorger. Au cas où ces mêmes amis, prudents, préfèrent prendre le train, vous irez évidemment les chercher à la gare. Hors de question qu'ils prennent un taxi ou un car pour débarquer chez vous. C'est ce qui s'appelle avoir le sens de l'accueil.

Service cinq étoiles

Avant l'arrivée de vos invités, n'oubliez pas de préparer leur chambre. Il faut non seulement qu'elle soit impeccable (aérée, aspirateur passé et lit fait) mais accueillante. Un petit bouquet, une bouteille d'eau et, pourquoi pas, un roman que vous avez aimé et qui devrait plaire à vos amis, posé sur la table de chevet. Et puis vérifiez que l'électricité fonctionne parfaitement. Si chaque convive a sa propre salle de bains, n'oubliez ni les serviettes ni le savon (neuf, bien sûr) ou le gel douche. Ajoutez même un shampoing, un peigne, des sels de bains, etc. Si la salle de bains est partagée par tous, pensez à poser sur le lit des convives des serviettes éponge, au moins deux par personne. Vous n'êtes pas hôtelier, vous ne tenez pas un palace, mais ces petites attentions feront de vous le meilleur des hôtes.

Chacun son tour

C'est sympathique de demander à vos invités de ne surtout rien faire mais c'est aussi maladroit. Vos amis veulent vous aider à tout prix. Ils ont été bien élevés. Vous pouvez alors proposer de préparer le dîner à tour de rôle. À coup sûr, ils seront ravis de mettre la main à la pâte et se sentiront à l'aise de se vautrer quand leur tour sera passé. Bien sûr, vous risquez de lire dans les yeux de l'un de vos amis, incapable de faire cuire un œuf, un instant de panique totale. Mais réconfortez-le. Ce sera le soir du poulet froid-salade, et vous ferez la vinaigrette. Il aura l'impression d'avoir servi à quelque chose en mettant le couvert, en desservant la table, ou en préparant les mojitos que vous avez, finement, réclamés…

Bienvenue chez nous

Ils arrivent enfin, les amis tant attendus. Et vous êtes contents. Montrez-le ! Soyez démonstratifs même si vous êtes d'un tempérament taciturne. Dès que vous entendez la voiture approcher, soyez sur le perron de la maison pour les accueillir, aidez-les à porter leurs valises et, avant même de leur montrer leur chambre, proposez-leur de boire un verre. Ils vous auront sûrement apporté un petit quelque chose, ouvrez le paquet immédiatement. Rien de plus énervant que ces gens qui ne se donnent pas la peine de regarder ce qu'on a mis des heures à trouver pour leur faire plaisir. S'il s'agit de champagne, la bouteille sera mise au plus vite au réfrigérateur afin de la boire tous ensemble le soir même. Un peu plus tard, indiquez non seulement la chambre qu'ils occuperont mais aussi les toilettes, la salle de bains et précisez bien qu'ils sont ici chez eux. *Mi casa es tu casa*, proclament sans cesse les Mexicains. On ne saurait mieux dire.

De bon poil

On est là pour se détendre. Vos amis doivent savoir qu'il n'est pas question de se mettre sur son 31 pour le dîner. Certaines femmes aiment se faire belles les soirs d'été, d'autres moins : chacun fera comme il veut. Quant aux hommes, si l'idée de ne pas se raser pendant quelques jours est pour eux le comble de la décompression, laissez faire. Non seulement vous ne ferez aucune réflexion désobligeante sur les quelques poils au menton de votre convive, mais vous pouvez même le complimenter sur son petit look hipster, très à la mode ces derniers temps.

Tous ensemble

Vous les aviez prévenus : il ne reste plus de chambre disponible. Mais dans le salon, trône un canapé-lit qui pourrait faire l'affaire. Si la situation ne les dérange pas, il faudra tout de même faire attention à ce que cette pièce collective ne devienne pas le pire des souks. Avant d'aller vous coucher, en bon maître de maison, ranger un peu ce qui traîne. Pensez à fermer la porte de la cuisine mitoyenne, si vous avez concocté quelques heures plus tôt des sardines grillées. Les odeurs peuvent être aussi gênantes que le bruit. À propos de bruit, si vous êtes un lève-tôt, soyez discret en préparant vos œufs au bacon et n'entrez pas en sifflotant du Rihanna dans le salon où dorment tranquillement les moins bien lotis que vous. La vie en communauté demande peu d'efforts pour que règne une ambiance légère et agréable. Mais quelques efforts quand même.

Musée
de la Serpette

Planning chargé

Vous avez abondamment parlé du fameux microclimat de votre bien aimée région. Sachez d'abord que lorsqu'on chérit un terroir, il est doté, c'est systématique, d'un microclimat. S'il pleut, ce ne sont que quelques gouttes, si la tempête gronde, ça ne durera pas. Mais parfois ça dure. Deux jours entiers sous les ondées, il va falloir prendre les choses en main. Alors, comme vous n'êtes pas né de la dernière pluie *(sic !)*, vous avez prévu quelques escapades pittoresques et avez tout organisé. À quelques kilomètres, le château du XVIIIe siècle est ouvert au public, le village voisin a été élu l'un des plus beaux de France, votre ami vigneron est d'accord pour faire une visite de ses caves… Tout plutôt que de rester enfermé à ne rien faire. Vos convives seront enthousiastes. Ou pas. N'obligez à rien, suggérez. C'est cette liberté-là qui fera de vous les meilleurs des hôtes.

6

Mes chers parents

Horaires aménagés

Un des plaisirs des vacances, c'est de ne pas avoir de montre. Un déjeuner à 15 heures et un dîner à 22 heures, pourquoi pas ? Sauf si on est tributaire de ses parents, chez qui on passe quelques jours, voire quelques semaines. Ils sont chez eux et ils ont le droit de définir les horaires qui leur conviennent. À moins que vous décidiez avant de partir, jamais pendant, ce qui peut satisfaire tout le monde. Arrangez-vous tous ensemble et les drames seront évités. Proposez de ne pas déjeuner avec eux tous les jours (c'est alors à vous de préparer votre repas), mais acceptez tout de même de vous plier à leurs règles de temps en temps. Ils accepteront sûrement d'autant qu'ils vous veulent heureux et reposé. Pensez de temps à autre à les remercier pour leur flexibilité. Et rappelez-leur comme ce sont des parents hors pair !

Open bar

Incroyable de rencontrer par hasard les Martin. Des siècles qu'on ne s'est vus. Pour prolonger cette belle après-midi d'été sur la plage, vous n'avez qu'une envie : les inviter à dîner dans la villa familiale. On reconnaît là votre générosité légendaire sauf que… Il faudrait peut-être avertir vos parents. Une petite famille en plus pour dîner, c'est amusant pour vous, ça l'est peut-être moins pour votre mère. Avant d'avoir eu cette idée géniale de dîner tous ensemble, prévenez-la. Mieux, demandez-lui si c'est possible, si cela ne la fatiguera pas trop et ce que vous devez acheter pour le festin. Vos parents ont sans doute le sens de l'accueil mais il est toujours désagréable d'être pris en otage. Si vous sentez que la venue des Martin pose le moindre problème, allez au restaurant. De même, si vous conviez des amis à prendre un verre après 22 heures, avertissez vos parents, surtout s'ils sont couche-tôt. C'est, dans tous les cas, la moindre des choses.

Ha Ha ! Toujours aussi doué à ce que je vois !

Un peu de respect

Les vieux réflexes ont la peau dure. Vous êtes adulte et indépendant depuis fort longtemps, et pourtant… Quelques jours avec vos parents et votre attitude vis-à-vis d'eux ressemble à s'y méprendre à celle que vous aviez à 12 ans. Ils vous agacent, vous sermonnent pour un rien, critiquent votre façon de faire cuire un œuf, d'élever vos enfants, de passer votre vie devant votre smartphone. Votre première envie est de les rabrouer toutes personnes âgées qu'ils sont. Mais n'oubliez jamais que des petits témoins, discrets mais fouineurs, attendent de voir avec délice leur père ou leur mère se chamailler avec leurs grands-parents. Devant vos chers marmots, et quoi qu'il arrive, vous devez baisser d'un ton avec vos propres parents afin que vos enfants apprennent, qu'ils comprennent même, ce qu'est le respect.

Presque comme chez soi

Bien sûr, chez vos parents, c'est comme chez vous. Ils vous accueillent avec votre conjoint, vos enfants, et ont la gentillesse de faire croire à tout ce joli monde qu'ils ne sont pas – vraiment - des invités. On a trop tendance à les croire. Il ne faut pourtant jamais oublier qu'ils se donnent du mal pour que règne une certaine harmonie. Bien sûr, vous les aidez à faire le marché, le déjeuner, vous rangez ce que les plus jeunes ont laissé traîner, mais n'oubliez pas de les remercier. Cela peut être une petite phrase entre la poire et le fromage « On est tellement bien chez vous », « C'est si gentil de nous accueillir », toutes ces petites choses qu'on omet trop souvent de prononcer. Pendant que vous y êtes, glissez à vos enfants de leur dire « merci » plus souvent qu'à leur tour. Que leur générosité ne passe pas inaperçue.

Conflit de générations

Même si vos parents ne sont pas d'un âge canonique, ils peuvent avoir un peu de mal avec votre ordinateur, tablette et autre smartphone. On les comprend. Depuis que vous êtes arrivé, ils ont vu souvent votre cuir chevelu, moins votre minois. À force d'être ainsi penché sur vos écrans, vous en oubliez de sourire, de parler, d'entendre. Bref, vous n'êtes pas vraiment là. On comprend parfaitement que l'évolution de la technologie a eu un impact important dans votre vie, on comprend aussi que vos parents ont envie de partager quelques bons instants avec vous. Il serait peut-être bien que vous remisiez vos amis Facebook et que vous ayez une conversation non plus virtuelle mais bien réelle avec cet homme et cette femme qui vous ont, quand même, donné le jour. Quand vous êtes avec eux, soyez vraiment avec eux. Ne jetez pas un œil sur vos messages, même discrètement, ce n'est, non seulement pas très obligeant, mais vous pourriez les vexer. Pendant ces vacances, on vous demande une chose : tentez d'être tous sur la même longueur d'onde.

De mon temps...

Les relations parents-enfants ont évolué. Et c'est tant mieux. Vos propres parents sont peut-être encore étonnés de la manière dont leur parlent leurs petits-enfants. Et ne se privent pas pour leur remonter les bretelles. Si cela vous mortifie, prenez sur vous et n'intervenez pas. Vos parents ont le droit, dans une moindre mesure, de réprimander vos enfants. Ce sont même les seuls qui ont ce pouvoir-là. Ne cherchez pas des noises à votre mère si elle se fâche contre Arthur qui n'a pas fini son assiette. Elle est convaincue de bien faire et elle aime tendrement son petit-fils. Et puis, avouez que cela fait du bien de ne pas avoir sans cesse à pester contre ses petits. Que d'autres le fassent à votre place a ses bons côtés ! Un autre avantage des vacances en famille !

Grand-mère dans les orties

S'il est une chose que vous ne pouvez pas laisser passer, c'est bien la manière dont vos enfants parlent à vos parents. Vous leur avez sans doute déjà dit ce que vous en pensiez, mais c'est peut-être bien d'insister avant même le départ dans la maison de famille. Il est hors de question qu'ils soient insolents avec leurs grands-parents et vous devez être intraitable sur le sujet. Les plus jeunes ont le plus souvent conscience de la déférence qu'ils doivent à leurs aînés, mais il ne serait pas plus mal que vous en rajoutiez. Si vous entendez Gaston monter le ton avec votre mère, se moquer de son âge et du fait qu'elle ne comprend plus rien, réagissez immédiatement. Ils doivent, au moins aux yeux de leurs aïeuls, se transformer en petits êtres parfaits : polis, aimables, souriants et serviables. Car il va s'en dire qu'ils seront là pour aider Bon Papa et Bonne Maman en toute circonstance.
Et cela, même quand ils sont très jeunes. Leur apprendre à respecter les personnes âgées leur servira toute leur vie. Et un jour, lointain, ils vous remercieront.

Entre nous

Même si vous avez apporté un cadeau à vos parents pour les remercier de leur accueil, il est bien de les inviter au moins une fois à dîner. D'abord pour changer de cadre et passer une bonne soirée. Ensuite pour, ensemble, se la couler douce ! Pourquoi ne pas leur faire découvrir un restaurant qu'ils ne connaissent pas. Attention si Bon Papa déteste l'idée des sushis ou si Bonne Maman est allergique aux fruits de mer. Et si vous y alliez sans vos enfants ? Histoire d'avoir une vraie conversation sans être interrompu toutes les quatre secondes. À la fin du dîner, attrapez prestement la note : certains parents sont gênés d'être invités par leurs enfants et argumentent pour régler l'addition. Dites seulement que ce dîner au restaurant était votre idée et que c'est une joie de les convier. Ils seront contents non seulement de cette sortie mais aussi de l'éducation – parfaite – qu'ils vous ont donnée !

7

Ici comme ailleurs

c'est qui ?
aucune idée !!
Tap
Tap...

En Espagne

C'est un pays où on a parfois l'impression d'être entouré d'amis. En effet, ne soyez pas étonné si l'inconnu qu'on vous présente vous salue très chaleureusement : une tape dans le dos, deux bises sonores, un sourire éclatant. Oui, en Espagne, on est amical même avec ceux qu'on connaît à peine. Et on tutoie ! Leur conception du vouvoiement ne ressemble en rien à celle des Français. Aussi, si on vous dit « tu », ne le prenez surtout pas comme un manque de respect. C'est simplement une manière sympathique de vous inclure dans un groupe…

En Grèce

Vous aurez parfois l'impression de ne pas arriver à faire ami-ami avec les Grecs. Ils sont, en effet, un peu rudes, en tous les cas au premier abord. Ainsi, ils vous marcheront sur les pieds sans jamais s'excuser mais pourraient vous recevoir chez eux avec générosité et chaleur, s'ils vous ont élu digne d'entrer dans leur cercle intime. À un dîner, ils vous demanderont sans doute de mettre la main à la pâte, de les aider à mettre le couvert, tout cela dans une atmosphère familiale et sans façon. Tous les plats, de l'entrée au dessert, sont posés sur la table, évitant ainsi aux hôtes de se lever et leur permettant de rester assis avec leurs amis. Attention, il n'est pas très gentil de refuser d'être resservi, en mets ou… en ouzo. Prévoyez un taxi pour rentrer !

Au Portugal

Si vous êtes pressé ou peu enclin aux bavardages, rayez le Portugal de votre liste des pays à découvrir ! Ici, on aime discuter : ne soyez pas surpris si, en vous baladant dans la rue avec un Portugais, il s'arrête tous les trois mètres et se place en face de vous tout en poursuivant sa conversation. Il est possible également qu'il vous touche l'épaule tout en palabrant, c'est sa façon de vous exprimer sa sympathie. Il faut dire que le peuple portugais est accueillant et chaleureux, c'est même sa marque de fabrique. Le seul moyen de le contrarier vivement, c'est de lui parler en espagnol, réminiscences historiques – les relations entre les deux pays ont longtemps été conflictuelles – mais n'hésitez pas à parler français : beaucoup le comprennent ou font l'effort de le comprendre. Souvenez-vous enfin que le Portugal est un pays très pieux : on ne se moque pas de la religion…

Je crois que tu vas devoir finir ton assiette de pâtes !

En Italie

Il est discourtois de refuser un plat lorsque vous êtes invité
dans une famille italienne. Les maîtres de maison pourraient se vexer.
Alors, même si vous n'en pouvez plus, acceptez de bonne grâce
l'assiette de pasta que l'on vous tend. Attention, on ne coupe jamais
ses spaghettis avec un couteau et on n'utilise pas de grande cuiller
pour les enrouler autour de sa fourchette. Cette « méthode » est
employée dans divers pays, mais sûrement pas en Italie.
Vous passerez alors pour… un touriste ! D'autant que les Italiens ont
appris à manger leurs pâtes proprement et sans autres ustensiles
que leur fourchette depuis leur prime jeunesse !

En Suède

En Suède, on aime la propreté. Eh oui, chez eux, c'est impeccable. Tout comme les lieux publics d'ailleurs. Lorsque vous êtes invité chez un Suédois, il vous faudra enlever vos chaussures qui risquent fort de salir l'intérieur de la maison. Certains convives sortent de leur sac une paire de souliers élégants et immaculés qu'ils enfileront en entrant. Sinon, ils restent en chaussettes. Tout cela pour vous avertir qu'avant d'accepter une invitation, vérifiez bien qu'elles ne sont ni trouées ni douteuses. Ou vous passerez une très mauvaise soirée !

En Croatie

Les touristes français qui débarquent en Croatie sont un peu étonnés de l'accueil qui leur est réservé. En effet, les Croates ne sont pas très chaleureux. C'est une affaire d'éducation et de culture et il ne faudrait pas le prendre comme une attaque personnelle. Pour pallier ces difficultés relationnelles, rien de mieux que d'apprendre, avant de partir, quelques mots de croate. Ils seront touchés par vos efforts et seront alors tout à fait prêts à vous aider. Mais ne dites jamais du mal de leur pays, ils l'aiment plus que tout et ne sont pas prêts à entendre des critiques le concernant ! Ne parlez pas non plus de la guerre qui les a frappés il y a vingt ans. Ce fut un conflit compliqué et douloureux qu'ils préfèrent ne pas commenter avec les étrangers.

En Grande-Bretagne

Les Anglais ont un grand sens de l'humour. Leur littérature et leur cinéma l'ont prouvé ô combien. Mais s'il est un sujet sur lequel on évite de blaguer, même de manière subtile, c'est bien des résidents de Buckingham Palace. Avant de vous moquer du chapeau de la reine ou de la calvitie du prince William, réfléchissez aux conséquences : on ne vous embarquera pas à la Tour de Londres mais on pourrait vous tourner le dos. Si vous êtes invité chez des amis, oubliez le quart d'heure de politesse français, arrivez pile à l'heure. Même si les Anglais sont plus tolérants que les autres, même s'ils savent que les Français ne sont pas les rois de la ponctualité, cela pourrait bien les irriter.

En Irlande

Il existe une tradition bien sympathique en Irlande. Si vous vous trouvez dans un pub avec des amis irlandais, laissez-les vous offrir la première tournée, mais, quoi qu'il arrive, vous devez régler la seconde. Lorsque vous croisez une voiture inconnue au cours de vos promenades champêtres, faites un signe de la main pour saluer son conducteur, c'est un rituel. Les Irlandais ne sont pas fous de contacts physiques, un hochement de tête pour se saluer est bien suffisant. Mais ils ont un grand sens de l'humour qu'ils aiment partager (même si vous ne comprenez pas tout, riez !). La réputation de gentillesse et de chaleur des Irlandais n'est pas une légende. Sauf, bien sûr, si vous les confondez avec des Anglais. Là, évidemment, ils pourraient être bien moins aimables…

En Turquie

Les Turcs ont un tel sens de l'hospitalité qu'il n'est pas rare d'être invité à dîner chez eux. Si c'est le cas, n'oubliez pas de retirer vos chaussures avant d'entrer dans la maison. Il faut impérativement apporter quelque chose à vos hôtes, des pâtisseries ou des fleurs. Sitôt le seuil franchi, il est probable que la maîtresse de maison vous verse de l'eau de rose ou de Cologne sur les mains, c'est une marque de respect. Acceptez tous les plats qu'on vous propose : les refuser serait impoli mais se servir plus de deux fois plus grossier encore. En partant, vous devez remercier la femme la plus âgée de l'assistance. C'est elle qui a choisi le menu et veiller à ce que ce dîner se passe bien. En Turquie, pays musulman, les femmes doivent faire attention à leur tenue, pas de minijupe, ni de vêtements collants, pas d'effusion en public pour les amoureux. On appelle ça le respect.

Finalement, la bise, c'est bien aussi...
CROUIC...

Aux États-Unis

On a vu tant de séries et tant de films américains qu'on croit tout savoir sur le savoir-vivre américain. Mais certains détails méritent d'être précisés. Sachez, par exemple, qu'on ne doit jamais tousser dans ses mains. C'est très grossier. Aux États-Unis, on plie son bras vers son visage pour expectorer sur le biceps ! Bien sûr, on n'embrasse pas quelqu'un qu'on vient de rencontrer. Pas du tout dans les mœurs ! Mais les hommes peuvent, quand ils se connaissent bien, pratiquer le « hug », une accolade rapide, mais, attention, ça n'a rien d'une étreinte ! Si vous allez dîner au restaurant ou chez des amis, mesdames, il va falloir faire un effort de toilette. En effet, on s'habille beaucoup plus qu'en France, pour sortir. Enfin, ne soyez pas surpris si, dans la rue, vous entendez soudain « Beautiful shoes ! », c'est simplement une passante qui vous félicite sur l'élégance de vos chaussures. Les Américains font souvent des compliments, même aux inconnus, et c'est très agréable !

En Thaïlande

C'est le pays du sourire et vous risquez d'être émerveillé par la gentillesse des Thaïlandais. Que cela ne vous empêche pas de faire attention à ne pas les offusquer. En se moquant de la famille royale, par exemple, ou en élevant la voix si vous êtes contrarié. Vous croiserez évidemment des moines au cours de votre séjour, montrez-leur le plus grand respect. Les femmes ne doivent surtout pas les toucher. Comme dans tous les pays bouddhistes, il faut prendre garde à ne pas commettre d'impairs avec la religion. Ce qu'il ne faut jamais faire ? Garder ses chaussures en entrant dans un temple, fourrer négligemment une image de Bouddha dans sa poche, toucher la tête d'un homme (c'est une partie du corps sacrée). Répondez à un *waï* par un autre *waï*, en vous inclinant légèrement et en portant vos mains jointes sous le menton. Et souriez bien sûr, c'est indispensable !

Au Canada

Pour vous saluer, les Canadiens lanceront un « Allô ! Ça va bien ? ». Deux choses : non ils ne sont pas au téléphone, ce « allô » est certainement un dérivé du « hello » anglo-saxon. Ensuite, comprenez que vous demander des nouvelles de votre santé n'est qu'une formule de courtoisie. Inutile de raconter dans les détails votre dernière crise de sciatique. Les Canadiens sont accueillants et rieurs. Ils seront ravis de vous aider si vous êtes perdu, à la condition que vous soyez, vous aussi, chaleureux. Ils n'aiment pas beaucoup les râleurs (avec les Français, ils sont servis) et préfèrent la simplicité dans les rapports : le tutoiement survient rapidement dans la conversation. C'est un peuple positif, ou qui veut l'être à tout prix. Remisez par-derrière vous votre mauvaise humeur. Elle serait mal comprise et peu appréciée…

Au Brésil

Les plages de sable fin de Copacabana vous tendent les bras. On y joue au volley, au foot, on se baigne et on bronze. Les Brésiliennes adorent avoir le corps hâlé. Tout le corps. Le maillot de bain traditionnel ici, c'est le string. Entendez qu'une Brésilienne pure souche ne portera pas de culotte de bain ! En revanche, jamais, ô grand jamais, elle ne fera de topless. Mesdames, sachez qu'il serait inconvenant, voire irrespectueux, de ne pas mettre de haut de maillot de bain sur l'une de ces plages. Autre détail mal connu, les Brésiliens ne veulent en aucun cas vous regarder vous moucher. Se soulager les narines doit être fait avec une grande discrétion. Si l'envie vous en prend, merci de quitter la pièce et de trouver un endroit retiré et isolé pour délivrer vos muqueuses !

Au Japon

Les Japonais ont le savoir-vivre dans le sang. C'est évidemment le peuple le plus civilisé du monde. Leurs règles de politesse sont infinies mais une des plus importantes, c'est qu'ils n'en voudront jamais aux étrangers de ne pas les connaître ! Vous devez quand même savoir que les contacts physiques sont très limités au Japon, même si on accepte de se serrer la main, particulièrement dans les relations professionnelles. Au restaurant, apprenez quelques règles élémentaires : on ne croise pas ses baguettes, on ne les lèche pas non plus et on ne les pique pas à la verticale dans son bol de riz. En revanche, faire de grands bruits en buvant sa soupe n'est pas mal élevé. Au contraire, le chef sera fier de vous entendre apprécier ses mets ! Ne vous embêtez pas avec le pourboire, au Japon on ne laisse jamais le moindre yen au serveur. C'est même insultant.

En Australie

C'est l'autre bout du monde mais ici comme ailleurs les règles de courtoisie doivent être suivies. Les Australiens sont un peu comme on les imagine : « cool » ! Vous verrez souvent des passants pieds nus dans la rue ! Ce qui ne les empêche pas d'être respectueux des règles. N'essayez pas de doubler dans une file d'attente, ni de resquiller en quoi que ce soit. Lorsque les maîtres nageurs vous indiquent que la plage est fermée, partez. Ne croyez pas qu'ils vous en veulent, c'est une question de sécurité et on ne discute pas. Même chose sur la chaussée, il est inimaginable de ne pas s'arrêter devant le piéton qui traverse sur le passage qui lui est imparti. Et, s'il y a des embouteillages, personne ne klaxonne ni ne s'impatiente. Oui, l'Australie est bien à l'autre bout du monde…

Sommaire

Chapitre 1
Sur la route des vacances

Chapitre 2
Coquillages et crustacés

Chapitre 3
Room service

Chapitre 4
L'auberge espagnole

Chapitre 5
Ami, ami

Chapitre 6
Mes chers parents

Chapitre 7
Ici comme ailleurs

À propos de...

Laurence Caracalla et Pascal Gauffre

Elle est née et vit à Paris. Lui aussi.

Lui a travaillé dans l'édition de nombreuses années et collaboré avec de nombreux magazines. Elle aussi.

Elle a de l'humour. Lui aussi.

Eux ont déjà travaillé ensemble en 2015 pour l'édition du *Guide du bien-élevé : 100 bonnes et mauvaises manières à connaître dans la vie* paru dans cette même collection.

Laurence Caracalla, auteur, et Pascal Gauffre, illustrateur, sont de nouveau réunis pour mêler leur plume et leur pinceau si complémentaires et vous accompagner dans le rappel des règles de politesse en vacances... aussi !